I0484836

MIXCOLLECTION XXXX

Für meinen Ehemann

Alle Rechte in diesem Buch sind der Autorin
vorbehalten

Autorin: Tanja M. Feiler

Bilder: Tanja M. Feiler

Cover: Tanja M. Feiler

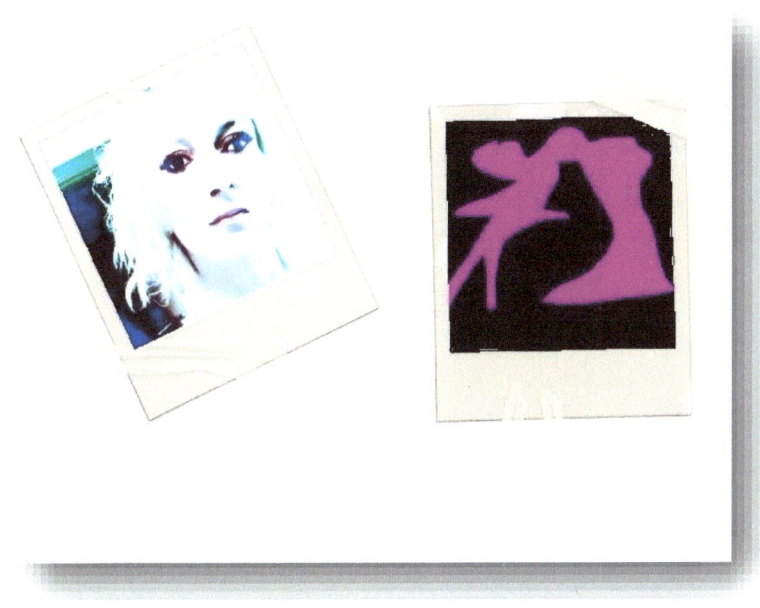

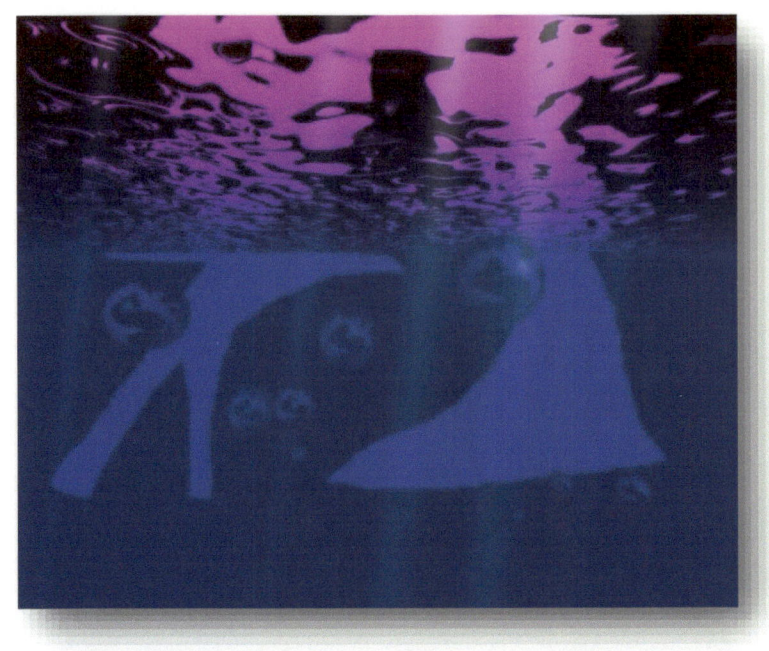

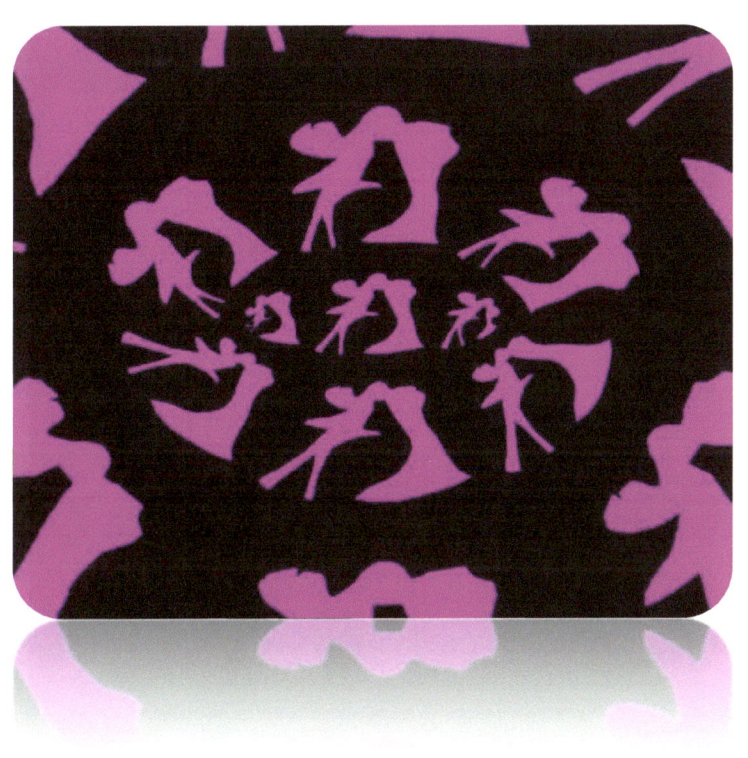

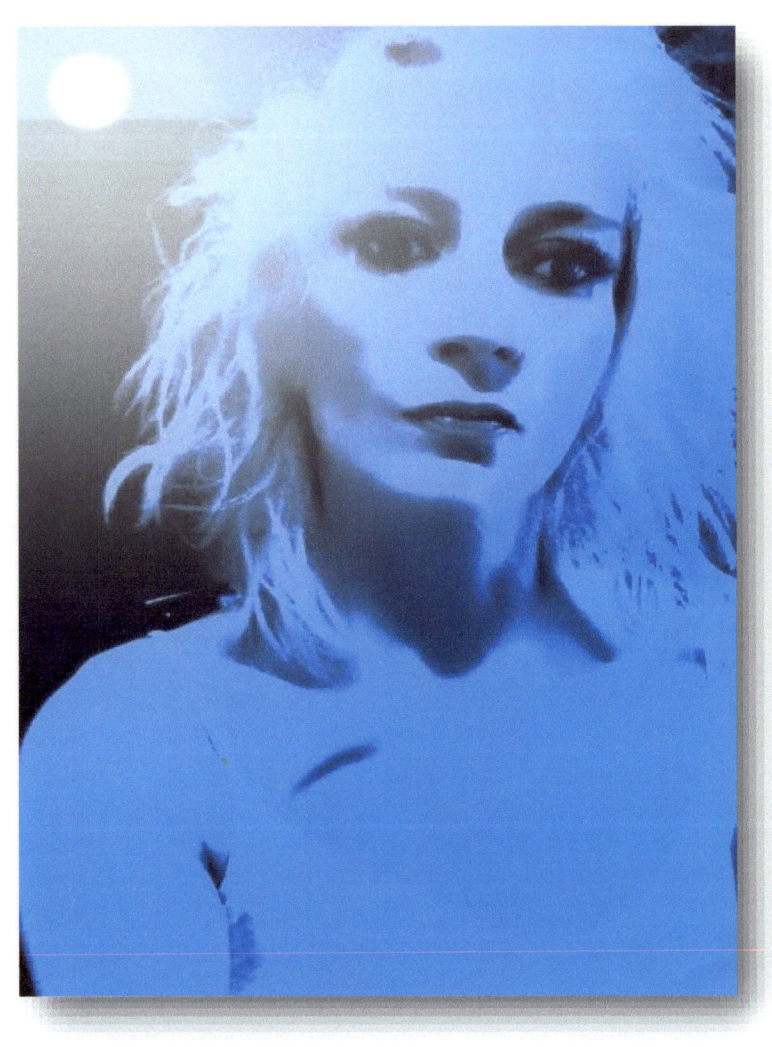

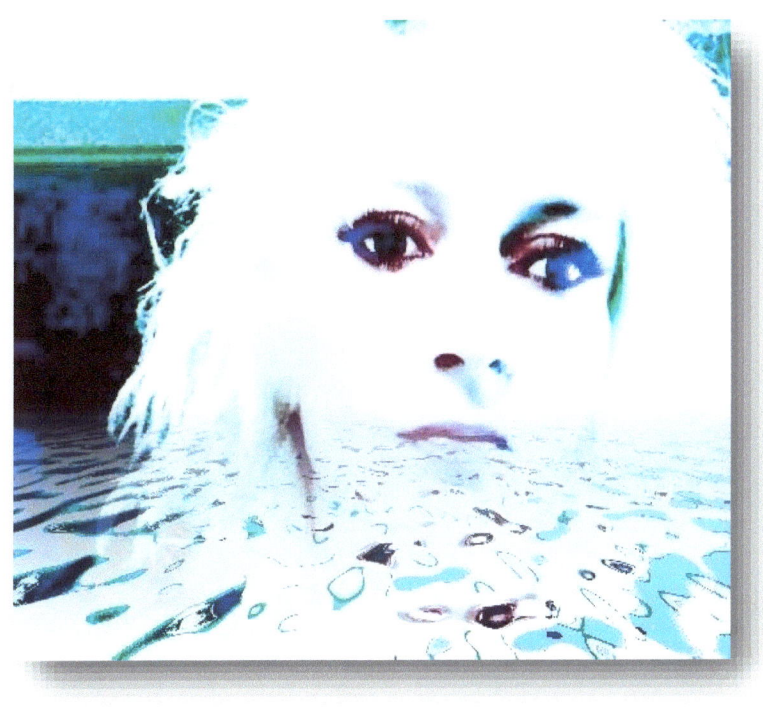

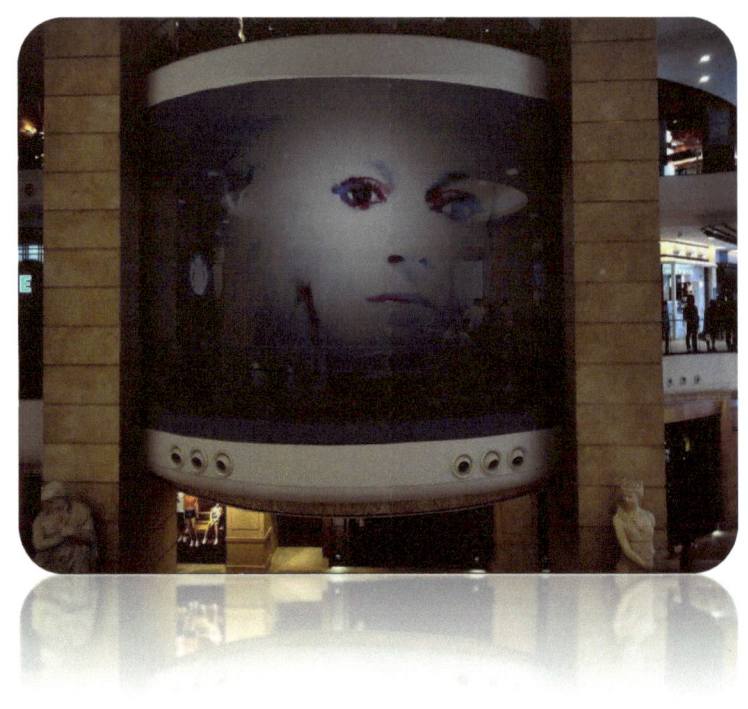

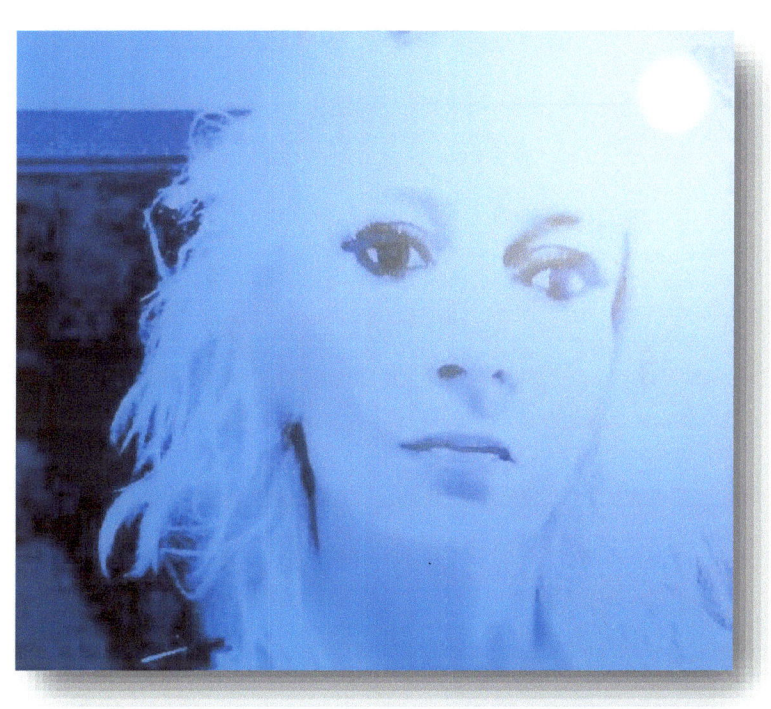

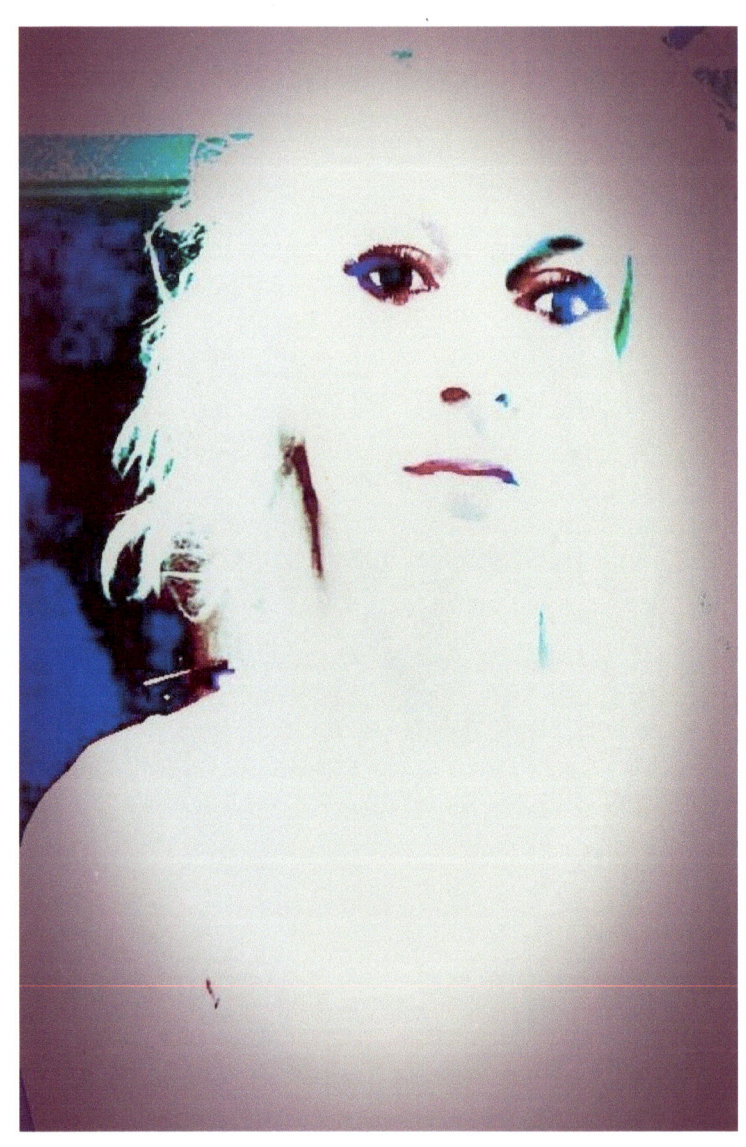

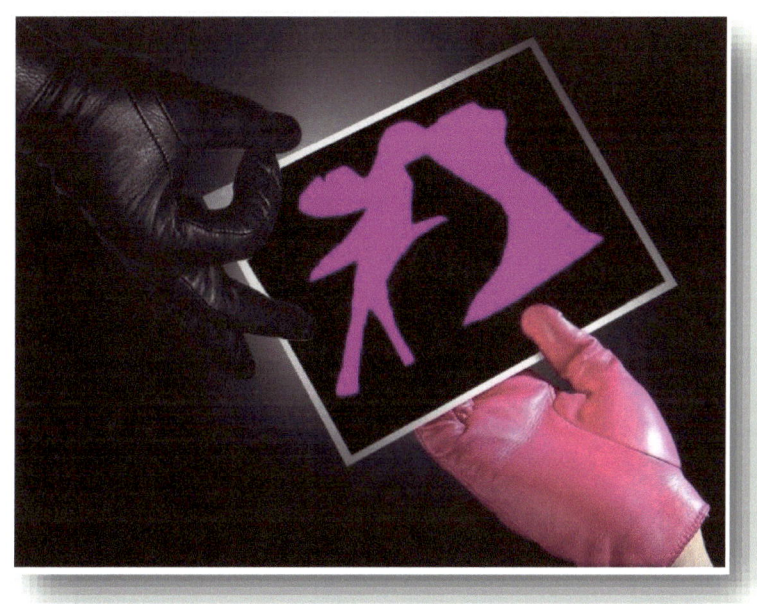

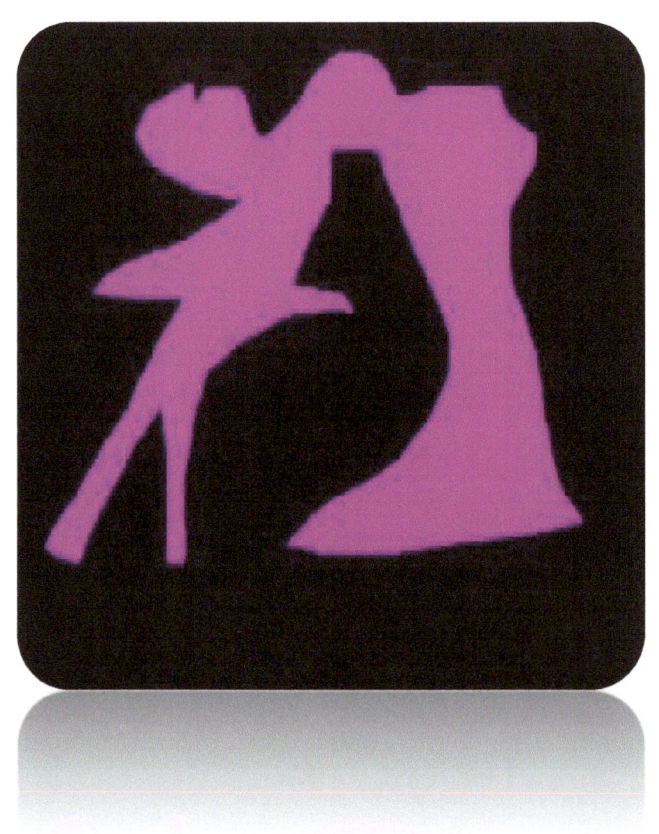

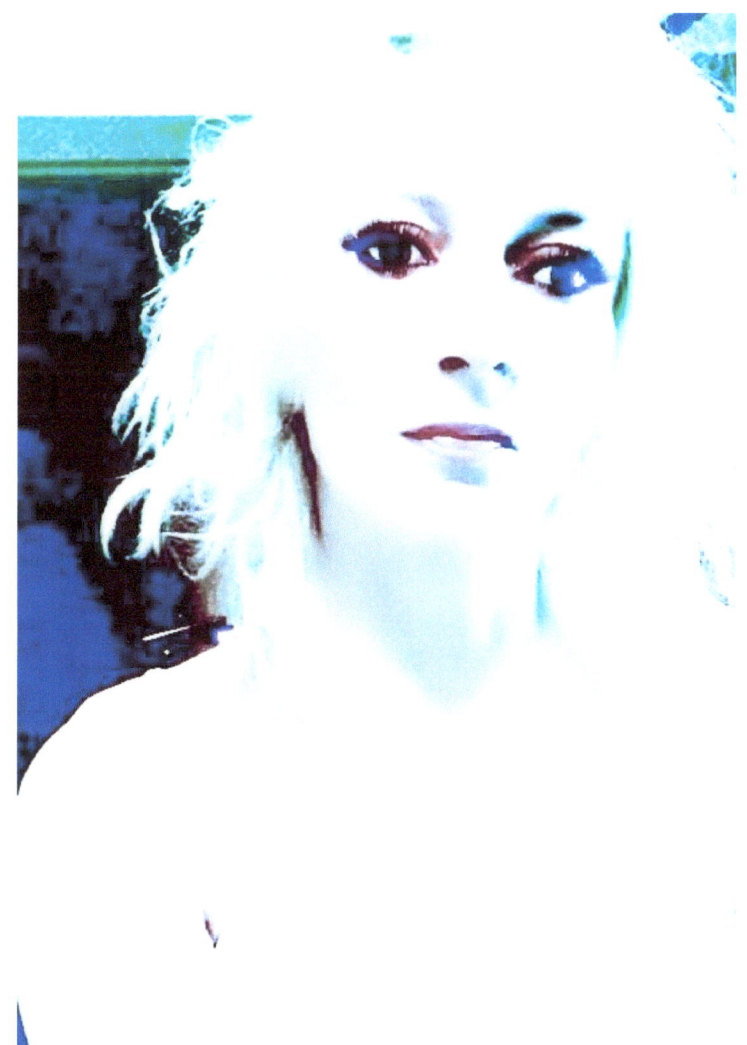

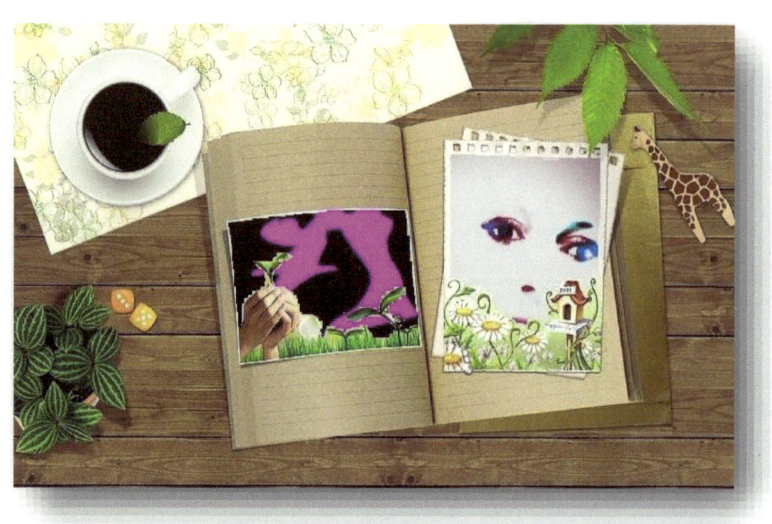

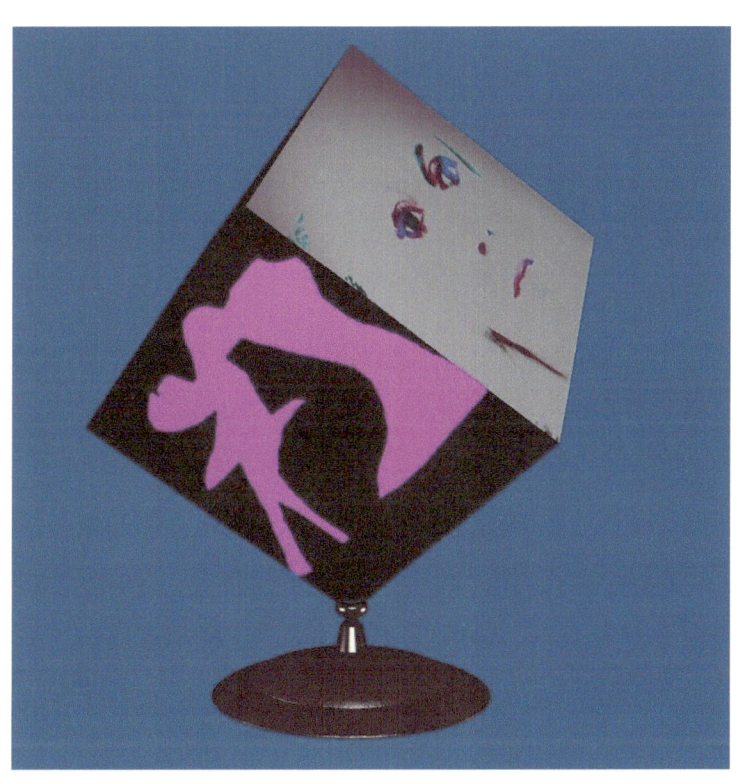

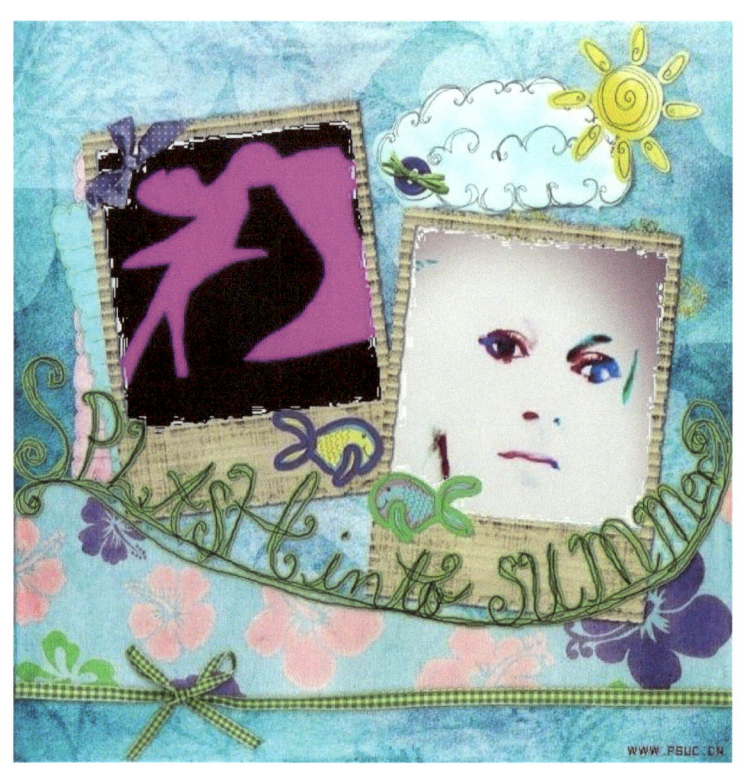

WWW.PSUC.CH

18

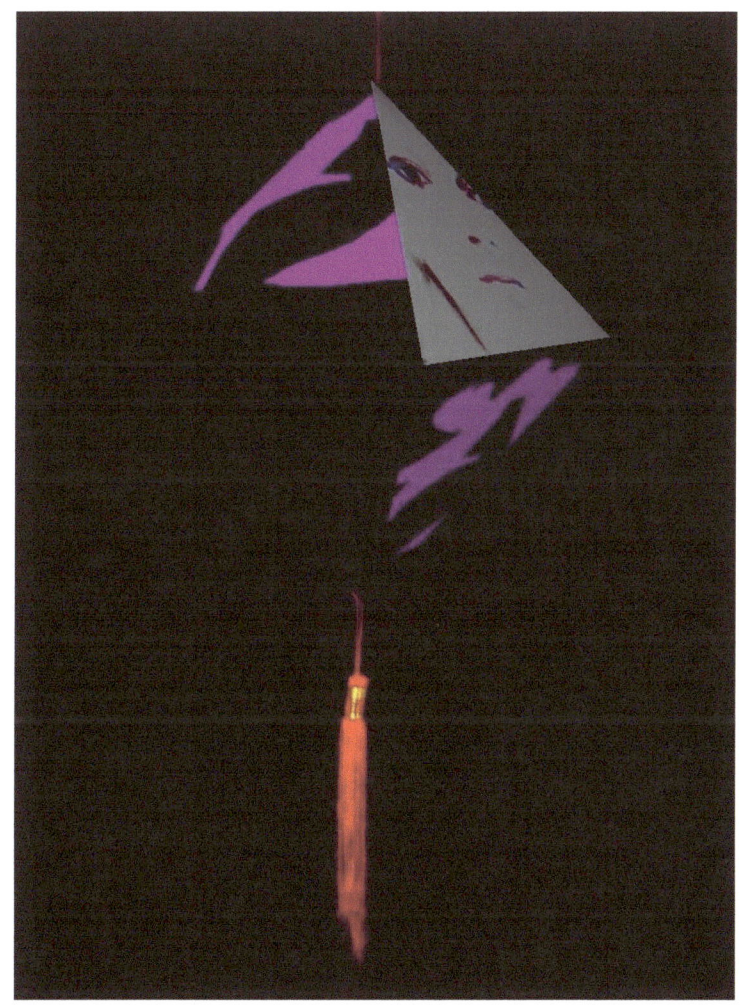

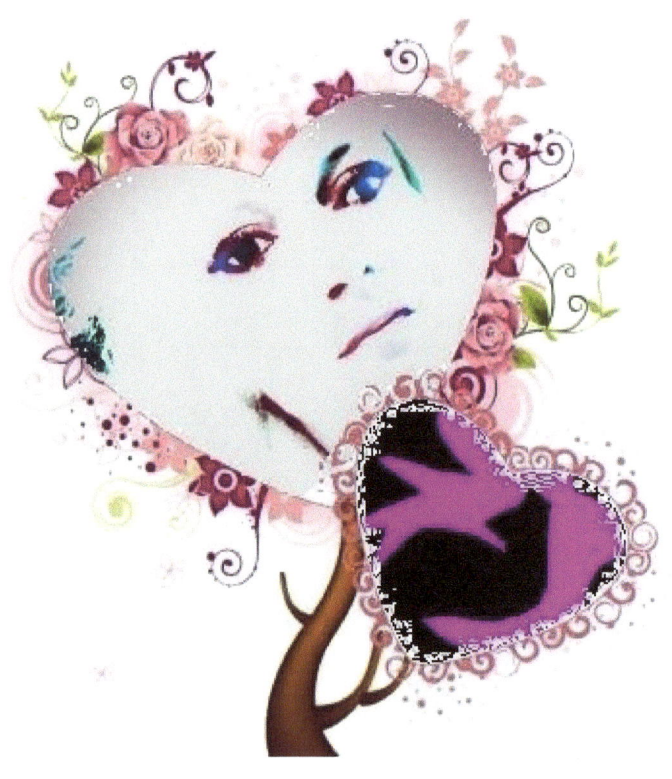

Kunst und Text schaffen einen Mix

Aus Struktur und Licht

Dynamisch und individuell

Direkt und schnell

Dabei ist es die Lyrik

Der Reim gibt den Kick

Mit einem Click !

Design ist es nicht allein

Das bestimmt den Reim

Es ist

Die Schrift

Die macht den Mix

Das Erstrahlen

Der Farben

In ihrem Licht hell

Gibt das Besondere schnell

Collection XXXXX

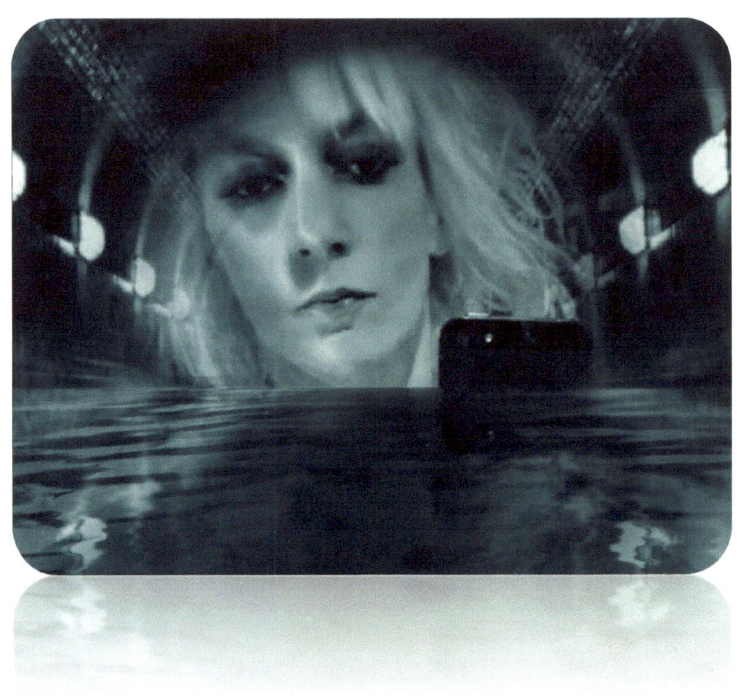

Besonders Danke ich meinem Mann

www.ingramcontent.com/pod-product-compliance
Lightning Source LLC
Chambersburg PA
CBHW041621180526
45159CB00002BC/963